LA
Korrigane

BALLET FANTASTIQUE EN DEUX ACTES

PAR

FRANÇOIS COPPÉE & LOUIS MÉRANTE

Musique de CH. M. WIDOR

TROISIÈME ÉDITION

PRIX : 1 FRANC

PARIS
ALPHONSE LEMERRE, ÉDITEUR
27-31 PASSAGE CHOISEUL 27-31

LA KORRIGANE

BALLET

Représenté pour la première fois sur le théâtre national de l'Opéra

le 1ᵉʳ décembre 1880

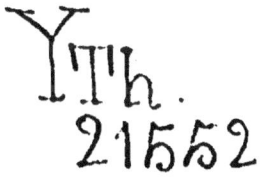

DÉCOR DU PREMIER ACTE

de M. Levastre jeune. — *Place de village en Bretagne*

DÉCOR DU DEUXIÈME ACTE

de MM. Rubé et Chapron. — *La lande des Korrigans*

COSTUMES dessinés par M. Eugène Lacoste

Pour les détails de la mise en scène et de la chorégraphie, s'adresser à M. Pluque, régisseur de la danse de l'Opéra.

LA
Korrigane

BALLET FANTASTIQUE EN DEUX ACTES

PAR

FRANÇOIS COPPÉE & LOUIS MÉRANTE

Musique de

CH. M. WIDOR

PARIS

ALPHONSE LEMERRE, ÉDITEUR

27-31 PASSAGE CHOISEUL 27-31

PERSONNAGES

Yvonnette, servante d'auberge et Korrigane	Mlles MAURI
La Reine des Korrigans.	SANLAVILLE
Janik, petit mendiant.	OTTOLINI
Lilez, joueur de biniou.	MM. L. MÉRANTE
Le Bossu, sonneur de la paroisse. ...	AJAS
Loïk, aubergiste	CORNET
M. le Brigadier et sa femme.	M. PLUQUE / Mme LAURENT
M. le Bailli et Mme la Baillive. . .	M. PORCHERON / Mme WAL
Un Marchand de Chapelets	M. PONÇOT.

Korrigans, Fées Korriganes, Phalènes, Farfadets,
Paysans, Paysannes, Soldats et Mendiants

L'ACTION SE PASSE AU XVIIe SIÈCLE

DANSE

ACTE PREMIER

LE « BAL » DANSE BRETONNE

Mlles Stilb 2e, Bourgoin, Jourdain, Girard, Méquignon 1re, Salle, Sacré, Pamélar, Leroy, Rat, Chabot, Vendoni, Stilb. 1re, Fléchelle, Martin, Pamélar 2e, Anat, Marchisio 1re, Poulain, Carpentier.

MM. Leroy, Marius, Staderini, Gamforin, Baptiste, Perrot, Berger, Galland, Elisée, Lefèvre, Meunier, Chenat, Vandris, Wagner, Ribert, Friant, Barbier, Gabiot, Dieul, Vazquez (père).

RONDE DES KORRIGANS

(*Ballabile*)

Korrigans. — MM. Ladam, Keller, Perrot 2e, Régnier, Ayral, Laurent 2e, Rockenpeach, Recule, Laurent, Boos.

Korriganes. — Mlles Danle, Monta, Hatrel, Régnier 1re, Guerra, Gladieu, Bracq, Vangoeten 2e, Régnier 2e, Mante.

Fées korriganes. — Mlles Blanc, Marchisio 2e, Franck, Corzoli, Monnier, Evanoff, Laurent, Désirée, Violat, Hayet, Rossy, Lobstein.

LA FÊTE DU PARDON

(*Grand divertissement*)

LA LUTTE AU BATON

MM. L. Mérante, Rémond, Lecerf, Stilb 1re, Marius, Stadérini, Leroy, Baptiste, Perrot, Gamforin, Galland, Lefèvre, Berger, Elisée, Gabiot, Bussy, Friant, Vasquez (père).

Mlles Mercedès, Bernay, Hirsch, Biot 2ᵉ, Ottolini 1ʳᵉ, Gallay.

Mlles Stilb 2ᵉ, Bourgoin, Jourdain, Girard, Mequignon 1ᵉʳ, Salle, Sacré, Leroy, Pamélar 1ʳᵉ, Chabot, Rat, Vendoni.

PRIX DU BOUQUET
Lutte des Sauteurs.

MM. Vasquez et Ajas.

LA SABOTIERE

Mlle MAURI
Mlles MÉRANTE ET FATOU

Mlles Larieu, Mercédès, Bernay, Jousset, Hirsch, Biot 2ᵉ, Ottolini 1ʳᵉ, Gallay.

ADAGIO

Mlle MAURI, MM. L. MÉRANTE, VASQUEZ
Sujets et corps de Ballet.

LA CONTREDANSE BRETONNE

Mlles Mercédès, Ottolini 1ʳᵉ, Bernay, Hirsch, Jousset, Biot 2ᵉ, Larieu, Gallay.

LA LUTTE DES DANSEUSES

La Valseuse : Mlle Mérante.
La Gavotte : Mlle Fatou.
La Gigue Bretonne : Mlle Mauri.

MARCHE ET PRESTO

Sujets et corps de Ballet.
Rentrées de Mlle Mauri.

ACTE DEUXIÈME

LA LANDE DES KORRIGANS
Introduction : Voix mystérieuses

Deux Phalènes : Mlles Righetti et Piron.

Phalènes. — Mlles Bourgoin, Jourdain, Moris, Kahn, François, Vuthier, Gaudin, Grandjean 1re, Leppich 2e, Leppich 1re, Prince 1re, Méquignon 2e, Prince 2e, Sonendal, Desprez, Assailly.

FARFADETS. — Mlle Stilb 2e, Girard, Méquignon 1re, Salle, Sacré, Pamélar 1re, Rat, Leroy, Chabot, Vendoni, Martin, Marchisio 1re, Leriche, Vignon, Tremblay, Carpentier.

LA VALSE FANTASTIQUE

Mlle MAURY, M. AJAS

Mlles Bernay, Hirsch, Adriana, Bussy, Biot 2e, Grange, Keller, Leclerf

Mlles Stilb 2e, Bourgoin, Jourdain, Girard, Moris, Méquignon, Salle, Sacré, Kahn, Pamélar 1re, François, Vuthier, Gaudin, Granjean, Leroy, Rat, Chabot, Vendoni, Leppich 2e, Leppich 1re, Prince 1re, Méquignon 2e, Prince 2e, Martin, Marchisio 1re, Leriche, Vignon, Mayer, Tremblay, Sonendal, Desprez, Assailly.

GALOP INFERNAL

Sujets. — Corps de Ballet.

L'ÉPREUVE (Valse lente)

Mlle MAURI, M. L. MÉRANTE

Mlles Bernay, Hirsch, Adriana, Bussy, Biot 2°, Grangé, Keller, Lecerf.

TABLEAU FINAL

SCÈNE DU CHAPELET. — PROCESSION

La Korrigane

ACTE PREMIER

En Bretagne, au XVIIᵉ siècle. La place d'un village. Au premier plan, à droite, un vieux puits avec un pittoresque ornement de fer forgé. A gauche, au premier plan, un cabaret et des tables dressées. Au second plan, l'église (gothique rayonnant); elle est flanquée d'une petite tourelle ornée d'un cadran. Au fond, la rue du village, et tout à fait dans le lointain, des falaises et la mer.

SCÈNE PREMIÈRE

C'est le jour du Pardon, et partout règne l'animation de la fête. Des buveurs vident les pots de cidre au cabaret ; des commères bavardent entre elles ; des enfants jouent ; des colporteurs étalent à terre leurs marchandises rustiques ; des mendiants à béquilles demandent la charité. Un méchant bossu, le sonneur du village, entre, poursuivi par des gamins qu'il chasse à coups de pied ; il circule dans les groupes, se disputant avec les garçons et taquinant les fillettes ; il est déjà légèrement pris de vin. Puis, le cabaretier Loïk sort de son auberge et invite le bossu qui se mêle à la troupe des buveurs. — Sortie générale.

SCÈNE DEUXIÈME

Cependant, une charmante fillette, très pauvrement vêtue, vient de sortir de l'auberge du père Loïk. C'est Yvonnette, la pauvre orpheline que le vieillard a pour servante. Un air de danse retentit au loin : elle se désole de ne pouvoir aller à la fête comme les autres ; elle est trop mal mise ; — il faut qu'elle tire de l'eau au puits, et elle pleure ; mais, bientôt entraînée par la musique joyeuse, elle essaye quelques pas. Son maître survient et lui reproche violemment sa paresse. Il a déjà la main levée, lorsque le bossu s'interpose et détourne la colère du père Loïk. — N'est-elle pas charmante ainsi ? — Le père Loïk en convient avec mauvaise humeur, et bientôt, cédant à l'imitation, les deux hommes se mettent à danser comiquement auprès d'elle. Puis le père Loïk sort, plein de colère. Le bossu s'approche d'Yvonnette, et témoigne pour la beauté de la jeune fille une admiration grotesque. Aussi s'enfuit-elle en se moquant de lui.

Janik, un petit mendiant de quinze ans, protégé d'Yvonnette, a vu cette scène au fond du théâtre ; il s'approche du sonneur et le nargue. Le bossu le repousse en le menaçant.

SCÈNE TROISIÈME

On sonne le premier coup de vêpres. Marche religieuse. Les paysans se rendent à l'office. Yvonnette, qui a reparu, donne à manger au petit mendiant Janik sur une des tables du cabaret. Mais le son d'un biniou se fait entendre, et le cornemuseux Lilèz, le plus beau gars de la paroisse, entre joyeusement, distribuant des poignées de main aux hommes, prenant le menton aux fillettes. Au seul bossu, il ne témoigne que du dédain. Le second coup de vêpres sonne. S'approchant d'un marchand de chapelets, Lilèz veut en acheter un de son choix; mais le colporteur est exigeant, car ce chapelet est bénit, et protège des Korrigans, ainsi que l'explique le petit Janik. Lilèz n'ose toucher le chapelet qu'avec respect. Le bossu, qui assiste au marché, se moque alors de la crédulité du joueur de biniou; mais celui-ci, conseillé par Janik, achète le chapelet et le serre avec soin dans sa veste.

Dernier coup de vêpres. M. le Bailli et Mme la Baillive, M. le Brigadier de la Maréchaussée et sa femme, suivis de leurs familles et des autorités du village, passent au fond et entrent à l'église où la foule les suit. Pendant cette scène, Yvonnette suit Lilèz d'un regard passionné; car elle a la folie d'aimer le beau musicien. Lorsqu'ils sont restés seuls, Lilèz va pour boire au puits; mais Yvonnette lui apporte un verre de cidre. Il la regarde avec bienveillance. — Que fais-tu là? Pourquoi ne pas aller à la fête comme les autres? — Elle lui montre ses pauvres vêtements, et Lilèz, se méprenant sur l'intention de la pauvre fille, tire de sa bourse un écu de six livres, le lui met dans sa main, et entre à son tour dans l'église. Yvonnette fond en larmes en regardant cet argent de l'aumône, et le bossu, qui a tout observé, vient la railler encore une fois; mais elle le chasse avec courroux. Alors survient le petit mendiant; il surprend Yvonnette en pleurs, et il cherche à la consoler. La jeune fille l'oblige à accepter l'écu. Janik sort.

SCÈNE QUATRIÈME

En ce moment, une vieille femme, enfouie sous un capuchon et portant un fagot, arrive à pas chancelants, elle fait une chute. Yvonnette l'aide à sa relever. Puis, la vieille fait comprendre à Yvonnette qu'elle connait son secret. L'orpheline veut-elle être aimée? La mendiante peut lui en donner les moyens. Yvonnette exprime par les gestes les plus passionnés qu'elle sacrificrait sa vie pour un tel bonheur. Et la vieille se transforme et apparaît sous les traits d'une fée éblouissante. C'est la Reine des Korrigans. D'un geste de commandement, elle fait sortir du puits une longue file de nains étranges, qui forment autour d'elle une ronde fantastique. Après les nains, surgissent de tous les côtés des créatures jeunes et charmantes : ce sont les compagnes de la fée.

Quelques-uns des nains apportent devant Yvonnette, d'abord épouvantée, une corbeille qui contient toutes les pièces de l'ajustement d'une riche Bretonne.

Si Yvonnette désire ces parures qui pourront la faire remarquer de Lilèz, elles lui appartiennent ; à une condition, pourtant : c'est que Lilèz lui aura prouvé son amour et donné le bouquet des accordailles avant que l'*Angelus* ait sonné. Sinon, Yvonnette appartiendra à la fée, et deviendra elle-même une Korrigane.

Emportée par son désir, fascinée par les richesses que les fées font briller à ses yeux, Yvonnette accepte le pacte, et elle est revêtue, en un instant, de la splendide toilette. Les Korrigans et Korriganes reprennent leurs danses, ils s'enfuient et leur Reine, après avoir rappelé sa promesse à la jeune fille, disparait à son tour et laisse seule Yvonnette, qui se regarde et s'admire.

Le bossu, caché près du cabaret et partagé entre la peur et la curiosité, a épié cette scène.

SCÈNE CINQUIÈME

On sort de vêpres. A la vue d'Yvonnette qui, sous ces nouveaux atours, est bien la plus jolie et la plus vaillante de toute la paroisse, les jeunes filles s'empressent, étonnées, autour d'elles; Lilèz la voit, à son tour, et est charmé; pendant les fêtes du Pardon, dont elle devient la Reine, il ne la perd pas des yeux. Mais les réjouissances vont commencer, les binious et les bombardes retentissent; les autorités prennent place pour assister aux fêtes du Pardon.

Au moment où Lilèz, pour se mêler aux danses, se débarrasse de sa veste, le bossu la fouille et dérobe le chapelet bénit.

BALLET

La Lutte au Bâton. — Le Prix du Bouquet
Lutte des Sauteurs
La Sabotière. — Adagio
La Valseuse. — La Contredanse bretonne. — La Gigue bretonne
Galop breton

Cependant les danses sont finies; la nuit est venue peu à peu; la foule se retire; Lilèz prend Yvonnette à part et lui demande un rendez-vous. Lilèz et Yvonnette restent seuls, observés pourtant par le méchant bossu, blotti de nouveau sous une tonnelle du cabaret.

SCÈNE SIXIÈME

Quand la scène est vide, Lilèz rentre avec précaution, Yvonnette apparaît craintive; Lilèz la saisit et l'entraîne sur le devant de la scène. Elle résiste : — D'où vous vient cette ardeur? Ce matin vous me faisiez l'aumône, me prenant pour une mendiante. Ce n'est pas moi, ce sont mes habits que vous aimez. Il faut m'épouser. — Si, c'est bien toi que j'aime. Je suis prêt à te conduire à l'église.

Pleine de joie, Yvonnette tombe dans les bras de Lilèz et lui demande le bouquet de fête qu'il porte à sa veste. Mais, au moment où il va le détacher et le lui offrir, le bossu, qui ne les a pas perdus de vue, avance du doigt les aiguilles du cadran de l'église, se suspend à la corde de la cloche et sonne l'*Angelus*. Korrigans et Korriganes accourent alors en foule, entourent Yvonnette et la saisissent. La pauvre fille se débat et proteste; elle a surpris la trahison de Paskou. Mais la Reine des Korrigans est impitoyable; quand Lilèz, revenu de sa première terreur, veut s'élancer à la défense d'Yvonnette, son *pen-bass* se brise en trois morceaux; il est pris dans un cercle de nains qui l'épouvantent, et les Korrigans entraînent Yvonnette.

ACTE DEUXIÈME

Une lande déserte, au clair de lune ; un *dol-men* et un *men-hir* y dressent leurs masses imposantes. A droite, un chemin fuyant sous les chênes. Au fond un marais, et sur la rive lointaine, la silhouette d'un village avec son clocher. — Bruyères et genêts.

SCÈNE PREMIÈRE

Au lever du rideau, quelques Korrigans passent en courant et disparaissent soudain ; des voix mystérieuses murmurent dans la nuit.

Deux Phalènes entrent en se poursuivant ; ils sont bientôt suivis d'une troupe de farfadets et d'un essaim de

papillons nocturnes, qui assistent à leur lutte amoureuse.
— Scène entre les deux Phalènes. — Les papillons et les
farfadets se dispersent.

SCÈNE DEUXIÈME

Le bossu et Janik entrent, suivis de quelques ivrognes.
Les voix fantastiques, qui se font entendre de nouveau,
les glacent de terreur. Les ivrognes cherchent à s'étourdir; mais les voix reprennent leur concert, et ils s'enfuient, laissant seuls le bossu et Janik.

Le bossu est sans crainte, car il possède le chapelet
qui préserve des Korrigans. Aussi, accepte-t-il gaiement, quand Janik lui offre sa gourde et l'invite à
boire encore. Mais le petit mendiant jette son vin à la
dérobée, et le sonneur, bientôt complètement ivre, se
laisse choir sur un rocher. Janik profite alors de son
lourd sommeil pour lui dérober le chapelet, et sort
avec un geste de victoire. — Le bossu ronfle bruyamment.

SCÈNE TROISIÈME

Tout à coup, de derrière un rocher, surgit un petit nain, qui vient, en rampant, jusqu'à l'ivrogne endormi, lui saute sur le ventre et appelle ses compagnons. — Le bossu se réveille, entouré de la bande des Korrigans. Plein d'effroi, il cherche son chapelet ; il ne l'a plus. Alors, les nains malicieux s'emparent de lui, et, le taquinant de mille façons, l'entraînent dans leur ronde vertigineuse. Épuisé de fatigue, le bossu tombe à genoux ; mais un petit Korrigan bondit sur ses épaules, et l'homme, éperdu, s'enfuit à travers la lande, poursuivi par tous les nains.

La nuit est calme et sereine.

SCÈNE QUATRIÈME

Alors, de toutes parts, les Fées et les Korrigans envahissent la lande enchantée : leur Reine s'avance au milieu d'elles et demande où est Yvonnette.

Elle paraît en ce moment, ayant revêtu l'apparence et le costume des Korriganes, et donnant les signes d'une grande tristesse. La Reine des Korrigans lui en demande la cause. Yvonnette rappelle la trahison du bossu, qui a sonné la cloche avant l'heure ; c'est par trahison qu'elle est devenue une Korrigane.

— Qu'on amène le coupable, dit la Reine ; et, sur son geste de commandement, les nains traînent le bossu à ses pieds. Il implore la Reine ; mais, en apercevant Yvonnette, il recule épouvanté. La jeune fille demande vengeance, et la Reine des Korrigans, touchant l'ivrogne de sa baguette, lui fait pousser deux longues oreilles d'âne.

Yvonnette danse ironiquement devant lui ; puis les nains et les Fées s'emparent du bossu et l'entraînent dans leur tourbillon. — Galop infernal. — Le bossu est précipité dans un trou.

L'air du biniou de Lilèz retentit au loin, répété par l'écho. Yvonnette montre sa joie ; son amoureux la délivrera ; mais la Reine donne un ordre, et les Korriganes disparaissent.

SCÈNE CINQUIÈME

Lilèz entre. Il n'a pu retrouver son amie, et il se livre au désespoir.

Tout à coup les Korriganes l'entourent. La Reine se dresse devant lui; il lui réclame sa bien-aimée.

— Voici mes sujettes, lui répond-elle. Cherche-la parmi elles, et reconnais-la, si tu peux.

L'une après l'autre, les Fées s'approchent de Lilèz et l'accablent de leurs séductions; mais ils les repousse avec dédain. Yvonnette s'approche à son tour de lui et se jette à son cou. Lilèz est ému; mais la Reine des Korrigans tend vers lui le rameau magique qu'elle tient à la main; il ne reconnaît pas sa fiancée et se dégage de son étreinte.

La Reine triomphe; Yvonnette va lui appartenir à jamais.

En ce moment, la jeune fille, frappée d'une inspiration subite, se met à danser le pas qui a séduit le cornemuseux aux fêtes du Pardon. Aucune des Fées n'est capable d'imiter cette danse hardie, et Lilèz, convaincu d'avoir retrouvé sa maîtresse, lui ouvre les bras avec amour. La colère des Korrigans éclate; ils se jettent sur Lilèz et Yvonnette et les séparent.

SCÈNE SIXIÈME

Mais alors Janik, portant le chapelet bénit, arrive au secours de Lilèz. Celui-ci saisit le talisman, et les Korrigans reculent et s'enfuient devant l'objet sacré. La Reine résiste jusqu'au dernier moment, mais elle est vaincue, elle aussi, et elle disparait.

D'ailleurs, depuis quelque temps, l'aurore se lève; c'est l'heure où les esprits malins perdent tout pouvoir, et la procession des paysans qui reviennent du Pardon trouve Lilèz vainqueur des Korrigans, serrant la main de Janik et pressant sur son cœur sa bien-aimée reconquise.

www.ingramcontent.com/pod-product-compliance
Lightning Source LLC
Chambersburg PA
CBHW060614050426
42451CB00012B/2239